AF263470

RÉLATION

De ce qui s'est passé de plus mémorable

EN LA VILLE

DE LOUVAIN,

Depuis le 19 Janvier 1793 jusqu'au 26 du même mois, jour que les Représentans provisoires choisis par le Peuple de ladite Ville le 6 Décembre 1792 furent supprimés militairement.

A LOUVAIN,

Chez P. CORBEELS, au Duc de Brabant au coin de la grande Place.

RELATION

De ce qui s'est passé de plus mémorable en la ville de Louvain depuis le 19 Janvier 1793 jusqu'au 26 du même mois, jour que les Représentans Provisoires choisis par le Peuple de la dite ville le 6 xbre 1792, furent supprimés militairement.

LE Citoyen *Brunot* Commandant temporaire de la ville de Louvain s'étant mis en devoir avec le Commissaire de Guerre *Ris*, d'apposer le scellé sur toutes les caisses de déniers publics en ladite Ville, scella aussi celle du Trésorier des Représentans Provisoires de Louvain *Van Bemmel*, & s'avisa d'enlever hors de la Trésorerie de l'Hôtel de Ville une clef d'or massif, don précieux de CHARLES III, Roi d'Espagne, fait aux Bourgeois de Louvain en 1710, pour reconnoître & récompenser leur fidélité (*a*) & leur bravoure ; don qui jusqu'ici avoit été respecté même par les Ennemis qui en différens temps s'emparèrent de cette Ville ; il

---

[a] *Ce qu'exprime l'inscription :* à CAROLO III. (tertio) T. p. q. L. IN SIGNUM FIDEI. *En effet cette Ville, jusqualors, se glorifioit de n'avoir jamais été prise par les armes. Les Gueldrois furent obligés d'en lever le siège en 1542, le Prince d'Orange en 1572, les Hollandois & les François en 1635, les François en 1706 ; & recemment les Bourgeois seuls en avoient en 1710 répoussé les François, qui conduits par le Partisan* Du Moulin *y étoient entrés par surprise.*

enleva, dis-je, cette clef d'or, malgré toutes les proteftations & réclamations du Bourgmaître & de plufieurs autres Membres du Magiftrat, (*b*) & il l'emporta chez lui.

Les Repréfentans lui envoyèrent le lendemain une députation de quatre Membres pour fe plaindre de ce fait, & le Commandant convint ingénuement qu'il avoit agi, contre la Loi & outrepaffé les pouvoirs (*c*) lui donnés par le quatrième Article du Décrêt du 15 xbre 1792, *mais je n'en ai agi ainfi*, dit-il, *que parceque je ne la croiois pas en fûreté dans l'Endroit où elle étoit.* (Ou cependant elle avoit été très-bien confervée pendant 80 ans.) *D'abord qu'on pourra lever les fcellés, je la remettrai dans la caiffe des Repréfentans où elle fera mieux (d), gardée.* Sur quoi les Députés fe retirèrent.

[*b*] *Ayant retiré la clef bors de fon étui,* Brunot *la baifa hypocritement plufieurs fois en s'écriant* la belle Rélique ! *Puis la prenant en fes deux mains, il en fit en ricanant le figne de la croix fur les affiftans, & la mit fort devotement en fa poche.*

[*c*] *Les Commiffaires de la Convention dans la Belgique firent peu après à leurs commettans un aveu à-peu-près femblable des circonftances impérieufes, écrivent-ils, dans une Lettre du 8 Fevrier,* nous ont forcés de prendre le 3, 5 & 8 de ce mois fix arrêtés que nous foummettons à votre fageffe. *Le prémier nomme* provifoirement *le Citoyen* Hebert, *pour Commiffaire de Guerre dans l'arrondiffement de Bruges; le 3me pourvoit* provifoirement *à un corps de Belges cantonnés à Louvain; le 4me. deftitue un Commiffaire infidele; les deux derniers regardent des mefures que l'Intérêt de la République leur a fuggérées : mais le 2me. eft remarquable:* nous avons, *difent-ils,* fupprimé l'adminiftration de la ville d'Ypres, comme nous avions précédemment fufpendu *celles de Louvain, de Gand & de Bruges.*

[*d*] *Ce qui aura fans doute été oublié : car le bruit courut bientôt que Miranda l'avoit emportée à Liège. On fit, pour la lui redemander, ce diftique, où l'on fait parler S. Pierre, cette clef étant vulgairement connue pour la clef d'or de S. Pierre, patron de la Ville de Louvain.*

REDDE MEAM MIRANDA MIHI, DUX INCLYTE, CLAVEM ;
SI SEMPER NON VIS IPSE MANERE FORIS.

Mais on n'en put faire ufage, apprenant qu'il l'avoit déja envoyé à Paris.
Copie de la Lettre du Général MIRANDA au Miniftre de la Guerre le 2 Février 1793.
,, *Etant occupé à faire la revue des Troupes & Parcs d'Artillerie à Louvain,* le 31
,, *du mois dernier, j'ai trouvé* (dans la caiffe des Repréfentans, ou dans les poches du
,, Commandant BRUNOT ?) *la magnifique clef d'or que l'Empereur* (erreur hiftorique)
,, CHARLES III. *avoit donnée aux Habitans de cette Ville, & que les Magiftrats avoient*
,, *foigneufement cachée* (ceci eft plus qu'une erreur) *pour ne pas la remettre aux Généraux François. Je la crois dans la claffe des trophées Militaires, & qu'elle doit être*
,, *remife de même que tous les autres, aux Repréfentans de la République :* c'eft pourquoi
,, *j'ai l'honneur de vous l'envoyer.,,* En conféquence la Convention décréta, le 6 Février,
que la Clef d'Or de Louvain feroit placée aux archives; d'où l'on efpère qu'elle reviendra un jour !

Le Lieutenant-Général de *Rosières* Commandant des Belges s'étoit rendu chez les Représentans le 20 Janvier pour en obtenir des secours pécuniaires pour une partie de la Légion Belgique qui se trouvoit actuellement dans nos murs, & dans l'Etat du plus grand dénuement, les Soldats à moitié nuds trouvant au-delà de vingt jours de prêt, & les Officiers plus de deux mois. Nous remontrâmes au général l'impossibilité où nous étions de satisfaire à sa demande, parceque toutes les caisses des deniers publics étoient scellées; & que par surcroit d'embarras, le *Club* venoit de faire une Proclamation, par laquelle (*e*) il menaçoit d'employer la force Armée contre tous ceux, qui oseroient encore payer les Impôts ou charges publiques, seuls revenus de la ville : sur quoi le Général expédia dans le moment même une Estaffette vers les Commissaires de la Convention Nationale afin d'obtenir la levée des scellés.

Le lendemain 21, le Général s'étant rendu à notre assemblée vers les trois heures de rélevée, il nous montra une lettre des Citoyens *Camus & Gossuin* Commissaires de la République Françoise pour l'exécution du décrêt du 15 Décembre, qu'il venoit de recevoir, par laquelle ils lui mandent que sans un ordre exprès de la Convention Nationale il n'étoit pas permis ni possible de lever les scellés des caisses en question. Cette nouvelle nous embarrassa d'autant plus, que le Général nous fit envisager les suites les plus facheuses, si l'on différoit encore plus longtemps à pourvoir aux besoins pressans de sa troupe, qui auroit pû en venir à de grands excès, causés par le désespoir même, & qu'à tout prix il falloit tâcher de prévenir, en lui donnant quelque bon à compte sur ce qu'elle trouvoit. Ce qu'on parvint enfin de faire, mais non sans grande peine.

(e) *Liberté, Egalité. Citoyens de la Campagne, l'Article premier du Décrêt de la Convention Nationale de France en date du 15 Décembre dernier, abolit tout droit onéreux au Peuple, en conséquence la Société des Amis de la Liberté & Egalité de Louvain vous avertit, que vous ne devez plus payer les droits d'entrée ni de sortie de ville, ni le droit de Cuillier, & vous promet assistance contre tous ceux, qui voudroient encore exiger des tels droits.*
Louvain ce 16 de l'an 1793, 2me. de la Liberté Belgique.
Signé St. Aubin, Président. L. Le Begue Secret.

Dans notre féance du 22 Janvier, on vint nous avertir, que ce jour-là même, le commiffaire de guerre *Ris* avoit été chez le Citoyen Tréforier *van Bemmel*, & que là, pendant fon abfence, il avoit levé le fcellé de fa caiffe, en avoit retiré hors d'un fac la fomme de fix cents livres en *numéraire*, y fubftituant un *bon* cacheté & figné de fa main pour pareille fomme, & le remettant ainfi dans la caiffe, qu'il fcella de nouveau. Il fut réfolu d'en donner part par écrit au commandant de la Ville, & de s'en plaindre vivement, ce qu'on fit le lendemain en lui envoyant une lettre à ce fujet, dont la copie ci-après N°. 1°.

Sur les plaintes réitérées qui furent faites aux Répréfentans provifoires de la part de prefque tous les collecteurs & fermiers des droits & impôts de la Ville, de ce qu'on en empêchoit le recouvrement, par la force, qu'on employoit contre ceux mêmes, qui étoient de bonne volonté de les payer ; on réfolut le 23 à l'unanimité des membres préfens, de faire faire par ceux du Magiftrat une proclamation, dont la teneur fuit N°. 2°. & d'en donner part au commandant par la lettre N°. 3ᵗⁱᵒ. ce qui fut exécuté le lendemain 24 ; à la réferve toutefois de la publication qui n'a pas eu lieu.

Le même jour deux militaires remirent au Préfident des repréfentans *Dury*, vers les quatre heures & un quart de rélevée dans la falle de l'affemblée le billet fuivant :

„ Le Citoyen *Duris*, paffera fur le champ chez le Citoyen *Brunot* „.

„ Le commandant temporaire de la Ville de Louvain (*Signé*) *Brunot*„.

Et fur ce que ledit Préfident héfitoit un moment, s'il devoit fe rendre à cette invitation, tant parceque fon nom fe trouvoit mal écrit, que parcequ'il ne pouvoit décemment quitter l'Affemblée des Repréfentans qui s'ouvroit ; un de ces militaires partit d'abord, & revint peu-après avec une garde nombreufe : mais le Préfident s'étant déterminé avant le retour de ce militaire, étoit déjà en route vers l'Abbaye de Sᵗᵉ. Gertrude, logement du commandant, efcorté par l'autre armé.

A peine fut-il entré chez le Commandant, (ou nombre de Clubiftes & d'Officiers étoient affemblés) que celui-ci, lui demanda fi c'étoit

lui qui avoit figné la lettre du 23 (N. 1°.) & celle du 24 (N°. 3^{tio.})
Ainfi que la proclamation (N°. 2°.), & fur la réponfe du Préfident,
qui avoua d'avoir figné ces pièces d'après la réfolution de l'Affemblée
des Repréfentans, le Commandant lui dit qu'il trouvoit les Repréfentans,
bien plaifans puifque tantôt ils s'appuioient du décrêt du 15 Décembre,
& tantôt ils faifoient des difpofitions directement contraires, comme la
proclamation qu'il tenoit en main. Le Préfident lui expliqua le fens
de la lettre du 23, & lui dit, que quoique ni lui, ni perfonne de l'Affemblée des repréfentans n'admettroient jamais volontairement le décrêt du 15 Décembre, ils pouvoient cependant en faire ufage contre
lui commandant & contre les autres Officiers Français, qui faifoient
de ce décrêt la bafe de leurs démarches : que par-là ils n'avoient nullement entendu de recevoir, ni d'avoir la moindre influence dans la
réception du décrêt, mais feulement d'en tirer un argument contre le
procédé dont ils donnoient connoiffance, comme il réfultoit évidemment de la lettre même ; enfin après un long débat le commandant
conduifit le Préfident chez le Citoyen *Guifcart*, Général d'artillerie,
logé dans la même Abbaye, en lui prodiguant, chemin faifant, les
jolies épithètes de F.... *Arifocrate*, le menaçant de le faire conduire
à la Citadelle de Valenciennes, & maintes autres gentilleffes pareil-
les. Arrivés chez le Général, la difcuffion recommença de nouveau,
& fût beaucoup plus vive. Le Préfident fomma plufieurs fois le Commandant de produire la lettre d'accompagnement, jointe à la proclamation lui envoyée, & dans laquelle les repréfentans lui donnoient raifon de leur conduite ; mais ce fut envain ; & après de longs pourpar-
lers, le Général dit au Préfident *qu'il pouvoit fe rétirer, qu'il alloit en*
écrire à la Convention pour demander fes inftructions, qu'entretemps fi
la proclamation n'étoit pas encore publiée, il falloit la tenir en fufpens
jufqu'à l'arrivée de fes ordres, ce que le Préfident dût lui pro-
mettre.

„ Le 25 Janvier à 9 heures & demie du foir le Préfident reçut
„ une Lettre dont voici la teneur :

„ *Louvain, l'an 2e. de la République Française.*

„ Le Citoyen *Dury* fera affembler les Repréfentans Provifoires „ de la Ville de Louvain, pour demain à 11 heures pour une com- „ munication importante.

„ Le Commandant temporaire de la Ville de Louvain (*figné*) *Brunot* „.

Enfuite de quoi l'Affemblée fut convoquée, & fe rendit le lendemain 26 Janvier à l'Hôtel de Ville vers les 11 heures du matin au nombre de 21 Membres; des quatre reftans, deux, les Citoyens de *Crabé* & *Van Rengen* étoient malades, le Citoyen *van Binft* forti de la Ville, & le Citoyen *Thielens* abfent.

Vers 11 heures $\frac{3}{4}$ le Commandant *Brunot* fe rendit à la Salle de l'Affemblée accompagné d'un grand nombre d'officiers de l'Armée Françaife, & de quelqu'autres perfonnes; dont une (le Commiffaire *Chépy*) prenant la parole, nous dit: „ vous êtes dans un état formel „ d'infurrection contre la Nation Françaife, par la Proclamation que „ vous venez de faire contre l'article prémier du Décrêt de la Con- „ vention Nationale du 15 Xbre dernier, qui abolit tous les impôts: „ nous venons vous notifier nos intentions à ce fujet. Le Citoyen „ (*en nous défignant par fon gefte un Officier Français*) vous en don- „ nera lecture „. Sur quoi cet Officier nous lut deux imprimés portant la fuppreffion de ladite Proclamation, & celle de notre Affemblée par les Commiffaires de la Convention Nationale de France députés dans la Belgique & çi-après fub N^{ris} 4 & 5.

Le Commiffaire *Chépy* nous interdit enfuite de nous Affembler encore, ou de nous porter comme Repréfentans du Peuple de Louvain, fous peine d'être traités en rebelles & comme perturbateurs du repos public, & nomma une vingtaine d'autres Commiffaires pour gérer les affaires, en attendant que le Peuple fe choifit d'autres Répréfentans dans les Affemblées primaires, qui (à ce qu'il difoit) devoient fe tenir aux premiers jours. Le Commiffaire *Chépy* nous dit encore que les deux fignataires de la Proclamation ne devoient qu'à la magnanimité de la Nation Françaife, qu'ils n'étoient pas encore tranférés à la Citadelle de Valenciennes : furquoi on lui répondit, que c'étoit au nom de l'Affemblée entière qu'ils avoient figné , & que par ainfi , ils n'étoient pas plus refponfables que les autres Membres. Le Com-miffaire *Chépy* répondit qu'en France on s'en prenoit toujours aux fig-nataires , & le Préfident lui repliqua que ces principes n'étoient ni connus ni admis en notre pays , & en pourfuivant il lui demanda fi le Citoyen *Brunot* lui avoit remis auffi la lettre d'accompagnement par laquelle on lui avoit envoyée la Proclamation , & qui rendoit raifon de la conduite des Repréfentans ? & fur la réponfe négative, le Préfident prit la minute de la lettre , & commença d'en faire la lecture, mais il fut bientôt interrompu & contraint de ceffer.

Le Préfident protefta enfin au nom de toute l'Affemblée , contre tout ce qui fe paffoit , déclara de perfifter dans la proteftation faite contre les Décrêts du 15 & 22 x^{bre} dernier , & fomma tous les Repréfentans qui étoient préfens de fe rappeller le Serment fait par eux au Peuple lorfqu'ils en furent nommés les Repréfentans.

Le Commiffaire *Chépy* nous remit les deux imprimés fufdits , & comme ils étoient fans fignature le Préfident lui demanda qu'il voû-lut les figner , ce qu'il fit après quelqu'altercation , en ajoutant qu'auf-fi bien ils (les Repréfentans) n'en tireroient aucun avantage , que cela ne pouvoit fervir que pour un jouet d'enfans ; & il nous fomma de quitter la Salle de notre Affemblée , nous accordant à cette fin qua-tre minutes. Le Préfident lui dit qu'en ce cas il devoit nous être per-mis d'emporter auffi nos Papiers & nos archives , ce qu'il nous refufa & nous permit feulement d'enfermer nos Papiers dans le Bureau, & de le cacheter.

Le Préfident demanda de pouvoir délibérer un moment avec les au-tres repréfentans. *Refufé.* De pouvoir faire un procès verbal de ce qui s'étoit paffé dans l'Affemblée de ce jour. *Refufé.* Enfin le Préfident s'étant mis en devoir d'enfermer dans le bureau les deux imprimés fufdits & quel-ques autres papiers, le Commiffaire *Chépy* s'empara forcément de nô-tre *Journal* ou *Protocolle*, & le remit à un Officier Français , en lui di-fant qu'il devoit le garder, qu'il en répondroit. Le Préfident finit à fceller le bureau en préfence de tous les Officiers & commiffaires ainfi que des repréſentans *Perſoons* & *Vander Haert* , des Concierges *Gillot* & *Pheyffers* , & quitta la Salle vers midi & demi. Pendant que tout ce-ci ſe paſſoit à l'Aſſemblée des Repréſentans, l'Hôtel-de-Ville étoit entou-ré d'une garde extraordinaire de militaires.

Le même jour vers les cinq heures de relevée on apporta à la maiſon du Citoyen *Dury* la lettre ſuivante :

„ *Citoyen Dury* ,

„ *En vertu des pouvoirs que nous tenons de la République Françaiſe,*
„ *nous ſommes autoriſés de lever les ſcellés qui ſont ſur le buffet qui ſe*
„ *trouve dans la chambre de nos ſéances , nous demandons donc que les*
„ *Clefs du ſuſdit buffet nous ſoient ſur le champ rendues , ainſi que*
„ *d'autres effets (s'il en exiſte) appartenans à la chambre.*

„ *Fait en nôtre Aſſemblée*
„ *Louvain ce 26 Janvier 1793.*   (Signé) „ *De Jongh Préſident.*
„ *l'an 2.me. de la Liberté Belgi-*   „ *Huybrechts Sécrétaire.*
„ *que* „.

Et peu-après le concierge *Pheyffers* vint à la même maiſon pour y demander les clefs du bureau en queſtion. On lui répondit , que le Citoyen *Dury* n'avoit pas ces clefs. Cependant environ une demie heure après , un cortège de près d'une vingtaine de *Sans-Culottes* avec quelques Officiers Français ſe rendit à la dite maiſon du Citoyen *Dury*, qui en étoit abſent , mais qui averti y revint bientôt après ; & ſur la demande que lui fit le Citoyen *Baudet*, Officier François, de ces mê-mes clefs , avec menace, que *s'il ne les rendoit pas de bonne grace , il ſeroit cauſe des ſuites déſagréables que ſon refus entraineroit , puiſqu'il n'étoit plus rien maintenant & que lui (Baudet) ignoroit de quel droit on vouloit retenir des clefs dont on ne devoit plus faire uſage &c.* Le Ci-toyen Dury lui répondit qu'il n'avoit pas ces clefs , & ne les avoit même jamais eues en ſon pouvoir, que les ſecrétaires en étoient chargés ; qu'après

tout il avoit crû devoir être appellé à la levée des ſcellés , laquelle confor-
mement aux droits uſités juſqu'ici en Europe , devoit ſe faire en préſence
des perſonnes intéreſſées , & puiſqu'on avoit accordé aux répréſentans de
ſceller leurs papiers , il étoit très-naturel de croire qu'ils ſeroient préſens
à la levée pour en faire l'inventaire ; mais *Baudet* lui répondit que le ſcellé
n'y avoit été mis que pour la ſureté des nouveaux commiſſaires &c.
On envoya donc un détachement deſdits militaires chez les ſecrétaires , & le reſte du cortège reſta dans la maiſon du Citoyen *Dury*,
juſqu'à ce qu'enfin vers les huit heures du ſoir on eut trouvé le ſecré-
taire *Vander Haert*, qui fut forcé par menaces de remettre ladite clef
au Citoyen *Baudet*, qui refuſa d'en donner un reçu.

Le contenu de la préſente rélation que j'ai rédigé
pour ma mémoire eſt conforme à l'exacte vé-
rité.

Fait à Louvain le 27 Janvier 1793.
(*Etoit Signé*) Dury.

PIÈCES
CITÉES DANS CE RÉCIT
Nº 1º.

Citoyen Commandant ,

PEndant nôtre féance publique & ordinaire du jour d'hier un de nos Membres, le Citoyen Tréforier *Van Bemmel*, eft venu nous faire rapport d'un fait arrivé dans fa Maifon, le jour même, dans un moment qu'il en étoit abfent. Ce fait dont le récit a caufé la plus grande furprife à toute l'Affemblée, a été auffitót configné dans nos Actes, fuivi de la Réfolution que nous avons crû de notre devoir d'y prendre, fans défemparer ; & c'eft en conféquence de cette même Réfolution, que nous avons l'honneur de joindre ici, par tranf-flat, un Extrait de nos Procès Verbaux, qui vous fervira à cet égard de pleine & entière information (1).

Nous fommes très-perfuadés, Citoyen Commandant, que la levée de 100 Couronnes dont il s'agit ne peut avoir été faite par vos or-dres ; & nous la regardons, tout au plus comme l'effet ou la fuite d'un mal-entendu de la part du Commiffaire de Guerre. Il eft trop évi-dent, que le numeraire dépofé chez le Tréforier *Van Bemmel* n'eft pas une propriété de la Nation Françaife ; & il ne l'eft pas moins que cette Nation généreufe & défintereffée, n'a aucunement enten-du de s'en attribuer la difpofition, pas même en vertu du Décrêt du 15 Décembre, *contre l'exécution duquel nous avons d'ailleurs récla-mé* (2).

(1) *Le journal des Séances ayant été forcément emporté par Chépy, on eft faché de ne pouvoir joindre ici la Copie de l'Extrait en queftion.*

(2) *Ce paffage prouve bien clairement que les Repréfentans n'entendoient nullement de recevoir, ni de confentir à la reception dudit Décrée.*

Le Décrêt du 15 xbre, attribue fi peu à la Nation Française ou à fes Généraux & Commiffaires, la difpofition de nos deniers publics; que fi la chofe n'étoit pas certaine d'un autre côté, ce Décrêt fourniroit lui feul la preuve la plus complète du contraire.

Par l'Art. IV. les Généraux font chargés de mettre fous la Sauve-Garde & protection de la République Française, entre autres objets, l'argent appartenant au fifc & de prendre toutes les mefures, afin que ces *propriétés* foient refpectées.

Et quant à la furveillance & la regie de ces objets, l'Art. V. ne l'attribue point du tout aux généraux ni Commiffaires Français, mais il en charge expreffément les Adminiftrations provifoires nommées par le Peuple, à qui elle appartient d'ailleurs par la nature même de la chofe.

Or, qu'y a-t-il de plus évidemment contraire à la Sauve-Garde, à la protection fous laquelle on met une chofe, que d'amouvoir, d'aliéner cette chofe, d'en difpofer, en un mot, en tout ou en partie?

C'eft ce que paroît avoir très-bien compris le Lieutenant-Général *Maraffé*, Commandant en Chef à Anvers & dans le Brabant Occidental, lorfque parlant au Peuple fur l'exécution du Décrêt du 15 xbre, dans une Proclamation, que nous avons fous les yeux, il y dit en propres termes : " elle (la République Française) n'entend *difpofer* „ d'aucun des biens qu'elle a mis fous fa Sauvegarde & protection, „ puifque l'Art. V. en confie au contraire expreffément la furveillance „ & la regie à vos adminiftrations provifoires particulières des vil-„ les „.

Il eft donc hors de doute, Citoyen Commandant, que le Commiffaire de guerre n'a pû fous aucun prétexte lever du Tréfor en queftion les 100 Couronnes qui font l'objet de cette adreffe. Il n'a pû le faire comme propriétaire, ce qui eft clair : il n'a pû le faire non plus comme regiffeur ou adminiftrateur, ainfi que nous croions l'avoir démontré ci-deffus.

Nous efperons, que fatisfait de ces raifons, vous ne nous refuferez pas la demande que nous vous faifons avec beaucoup d'inftances, de vouloir bien prendre les mesures néceffaires pour prévenir efficacement, qu'à l'avenir perfonne ne puiffe mettre la main aux deniers publics en cette Ville, fans notre intervention ou confentement préalable.

Dans cette confiance, & dans l'attente d'une réponfe conforme à nos vœux nous fommes très-fraternellement.

Citoyen Commandant,

Louvain le 23 Janvier 1793
an 1ᵉʳ de la Rep. Belgique.

Les Repréfentans Provifoires
de la ville libre de Louvain.

Signé { DURY *Préfident.*
{ J. B. VAN DER HAERT *Sécret.*

N°. 20.

PROCLAMATION.

COmme nuls droits ou impofitions quelconques n'ont été abolis en cette Ville par le pouvoir conftitué d'icelle Ville, il eft provifionellement ordonné par les préfentes à un chacun, de payer tous les droits & impofitions accoutumées tant à l'entrée de la Ville que dans la Ville même, fur le pied ufité çi-devant. Chargeant ceux du Magiftrat de faire imprimer & duement afficher la préfente proclamation, tant aux portes de cette Ville, qu'aux principaux endroits où l'on eft accoutumé de faire les affixions.

Ainfi fait & décrété en l'Affemblée des Repréfentans Provifoires du Peuple Libre de la Ville de Louvain, le 23 Janvier 1793 l'An 2me. de la Liberté Belgique.

(*Etoit Signé*) DURY Préfident J. B. VANDER HAERT. *Secrét.*

N.º 3.º

Citoyen Commandant.

NOus avons l'honneur de vous communiquer par la préfente une Copie de la proclamation, que nous nous fommes crus obligés de faire émaner & publier par la municipalité de cette Ville, en acquit de notre devoir, & de nos engagemens, vis-à-vis du Peuple Souverain de la Ville Libre de Louvain. Nous ofons efperer Citoyen Commandant, que vous voudrez bien confidérer, que les droits, dont-il s'agit ici, ne font point des droits odieux, encore moins des droits onéreux, qui pefent fur la partie indigente du peuple ; mais pour la plûpart une efpèce de rembourfement partiel des fonds confidérables que la municipalité de cette Ville a dû emprunter pour procurer au public, les avantages incalculables d'une navigation. Que ces droits & moyens, indépendamment qu'ils conftituent l'hypothèque de ces mêmes fonds, doivent fervir encore aux payements des intérêts annuels, & par ainfi doivent être confiderés comme propriétés particulieres des créanciers de la Ville, & doivent faire face fur tout aux réparations & entretiens journaliers très-confidérables tant de notre Canal, que des chauffées de la Ville : que fi ces ouvrages doivent être interrompus pendant quelque temps, faute d'argent neceffaire pour payer les ouvriers, le commerce en fouffriroit immenfement, & les charois & tranfports des munitions en tout genre pour le fervice des armées Françaifes, ne pourroient plus fe faire auffi aifement, ce dont-il pourroit réfulter des inconveniens incalculables. Souffrez donc Citoyen Commandant, qu'à l'exemple de ce qui s'eft pratiqué dans plufieurs autres Villes de la Belgique, & notamment à Anvers, ces droits & impofitions foient perçus paifiblement & veuillez donner les ordres neceffaires aux militaires pour qu'ils n'empêchent pas par la force militaire ceux qui voudront faire les payemens defdits droits aux collecteurs ou fermiers d'iceux, nous fommes &c. (*Signé*) DURY *Préfident* VANDER VIKEN. *Secrét.*

N.º 4.to

AU NOM DE LA RÉPUBLIQUE FRANÇAISE.

VU par nous Commiſſaires de la Convention Nationale de France, Députés dans la Belgique, la Proclamation des Repréſentans proviſoires du Peuple libre de la ville de Louvain, du 23 de ce mois, portant ordre à tout individus de continuer le payement des Droits & Impôts uſités tant à l'entrée que dans l'intérieur de cette ville, ſur le fondement que l'Abolition n'en a été prononcée par aucune autorité conſtituée en ladite ville.

Conſidérant que cette Proclamation eſt en oppoſition directe avec l'Article premier du Décrêt de la Convention Nationale de France, des 15 & 17 Décembre 1792, lequel ſupprime toutes les contributions exiſtantes à l'époque de ſa publication ;

Conſidérant que cette réſiſtance des Repréſentans proviſoires de la ville de Louvain annonce de leur part l'intention manifeſte de maintenir les abus de l'ancien régime en continuant de faire pèſer ſur la partie indigente & laborieuſe du Peuple les Impôts dont l'ariſtocratie l'a ſurchargée & auxquels elle a eu l'art perfide de ſe ſouſtraire, par des Privilèges & exemptions créés par le deſpotiſme pour ſe faire des partiſans ;

Conſidérant que par une conduite auſſi incivique, les Repréſentans proviſoires de la ville de Louvain ſe déclarent ouvertement ennemis de la Souveraineté du Peuple, & fauteurs de la tyrannie à laquelle eſt dû l'établiſſement des droits & Impôts dont il s'agit.

Nous Commiſſaires ſuſdits de la Convention Nationale de France, requérons le Citoyen *Chéphy*, Commiſſaire National du Pouvoir exécutif, 1.º De caſſer & annuller, ſans aucun délai, la Proclamation priſe par les Repréſentans proviſoires de la ville de Louvain, le 23 de ce mois, avec défence à tous percepteurs & autres de l'exécuter ni faire exécuter, à peine d'être pourfuivis extraordinairement comme concuffionnaires ; 2°. De déclarer lefdits Repréfentans provifoires dechus de toutes fonctions & autorités, & de leur defendre de s'affembler ni de faire aucun acte d'adminiftration & puiffance publique, à peine d'être punis comme perturbateurs de la tranquillité générale & coupables d'attentats à la Souveraineté du Peuple ;

3°. De tenir la main à ce que les affemblés fe réuniffent de fuite, pour procéder à la formation d'une adminiftration & d'une juftice provifoire, conformément à l'Art. II. du Décret du 15 & 17 Décembre 1792 ; 4°. De nommer des Commiffaires pour exercer provifoirement (en attendant que l'Adminiftration provifoire, à nommer par les Affemblées primaires, foit en activité) les pouvoirs déterminés par l'Art. V dudit Décret.

Requérons, le Général *Moreton*, de prêter main-forte au Citoyen *Chépy* pour l'exécution du prefent arrêté & d'affurer l'effet de fes opérations, par tous les moyens que la loi a mis en fon pouvoir.

Ainfi fait & arrêté par nous Commiffaires fufdits, à Bruxelles, le vingt-cinq Janvier, mil fept cent quatre-vingt-treize, l'an fecond de la République Françaife,

(*Signé*) GOSSUIN, MERLIN DE DOUAI, TREILLARD.

Certifié conforme à l'original dépofé en mes mains
P. CHEPY, *Commiffaire National dans la Belgique.*

Etoit figné : CHEPY *Commiffaire.*

No. 50.

AU NOM DE LA RÉPUBLIQUE FRANÇAISE. (a)

NOus Commiſſaires du pouvoir exécutif dans la Belgique chargé de l'éxécution du Décrêt du 15 Décembre 1792 ; en conféquence de la Réquiſition à nous faite par les Citoyens *Merlin*, *Goſſuin*, & *Treillard*, Commiſſaires de la Convention Nationale de France.

Caſſons & annullons la proclamation des Repréſentans proviſoires de la Ville libre de Louvain, en date du 23 de ce mois, défendons à tous percepteurs & autres de l'exécuter ou de la faire exécuter, à peine d'être pourſuivis extraordinairement comme concuſſionnaires.

Déclarons leſdits Repréſentans de Louvain déchus de toutes fonctions & autorité, leur défendons de s'aſſembler ni faire aucun Acte d'adminiſtration & puiſſance publique, à peine d'être punis comme perturbateurs de la tranquillité générale, & coupables d'attentat à la ſouveraineté du Peuple.

Pour les remplacer proviſoirement, & juſqu'à l'election prochaine qui ſe fera par les aſſemblées primaires dont le Décrêt du 15 preſcrit la prompte formation, nommons comme Commiſſaires les Citoyens.

Van Leempoel *	*Le Begue.*	*Baſtiné.*
Trouet ,	*De Jongh.*	*Boſdevex* *
B. Marcelis *	*De Beriot.*	*Leunis Médecin.* *
Gens le jeune.	*Pierre Marcelis* *	*Jacques Smeeſters.*
De Leſcaille *	*Robyns.*	*Huybrechts Medecin.*
Lambrechts Docteur. *	*Michel Claes.**	*P. Everaerts.*
Tonnelier.	*De Neef.*	*Michel.*
Wautelet Avocat *		

(a) Cette pièce & la précédente ſont Copiées littéralement.
(*) Ceux marqués d'un aſtériſque n'ont pas voulu accepter cette commiſſion honorable.

Déléguons à ces Commiſſaires proviſoires l'exercice des fonctions déterminées par l'Art. 5 du Décrêt.

Invitons les Citoyens de Louvain à ſe méfier des pièges que leur tend le fanatiſme & l'ariſtocratie, & à ſe perſuader que ſi la Nation Françaiſe eſt réſolue à protéger efficacement ceux qui ſe rallieront ſous les Etendards de la Liberté & de l'Egalité ; elle ſaura reprimer & punir ceux qui oſeroient y porter quelque atteinte.

(*Etoit Signé*) CHEPY, Commiſſaire National dans la Belgique.
Bruxelles le 25 Janvier, l'an 2 de la République Françaiſe.

Etoit ſigné CHEPY *Commiſſaire.*

www.ingramcontent.com/pod-product-compliance
Lightning Source LLC
Chambersburg PA
CBHW061851060726
47597CB00008B/3650